HÁBITOS DE HIGIENE

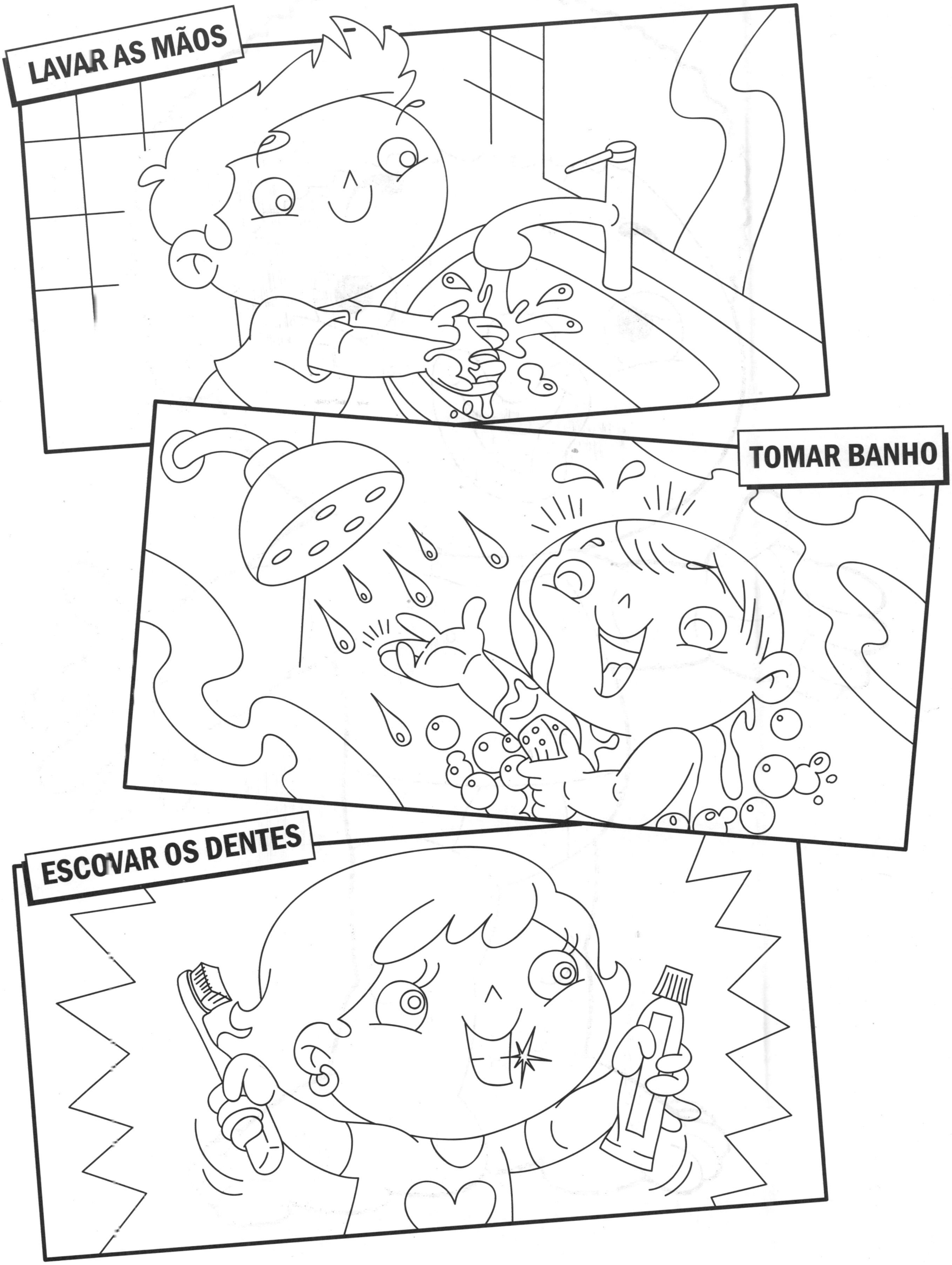

MENINO

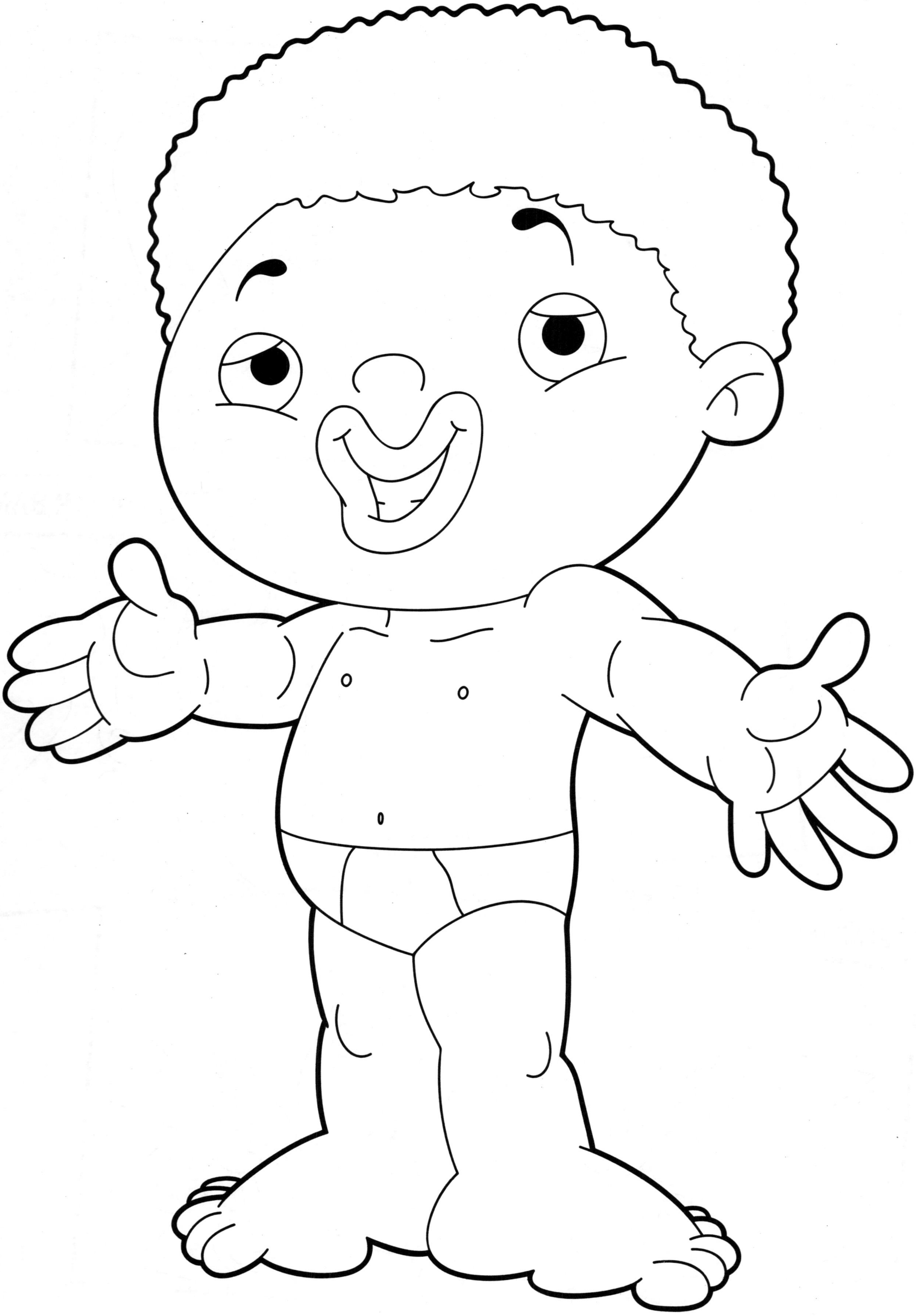

MENINA

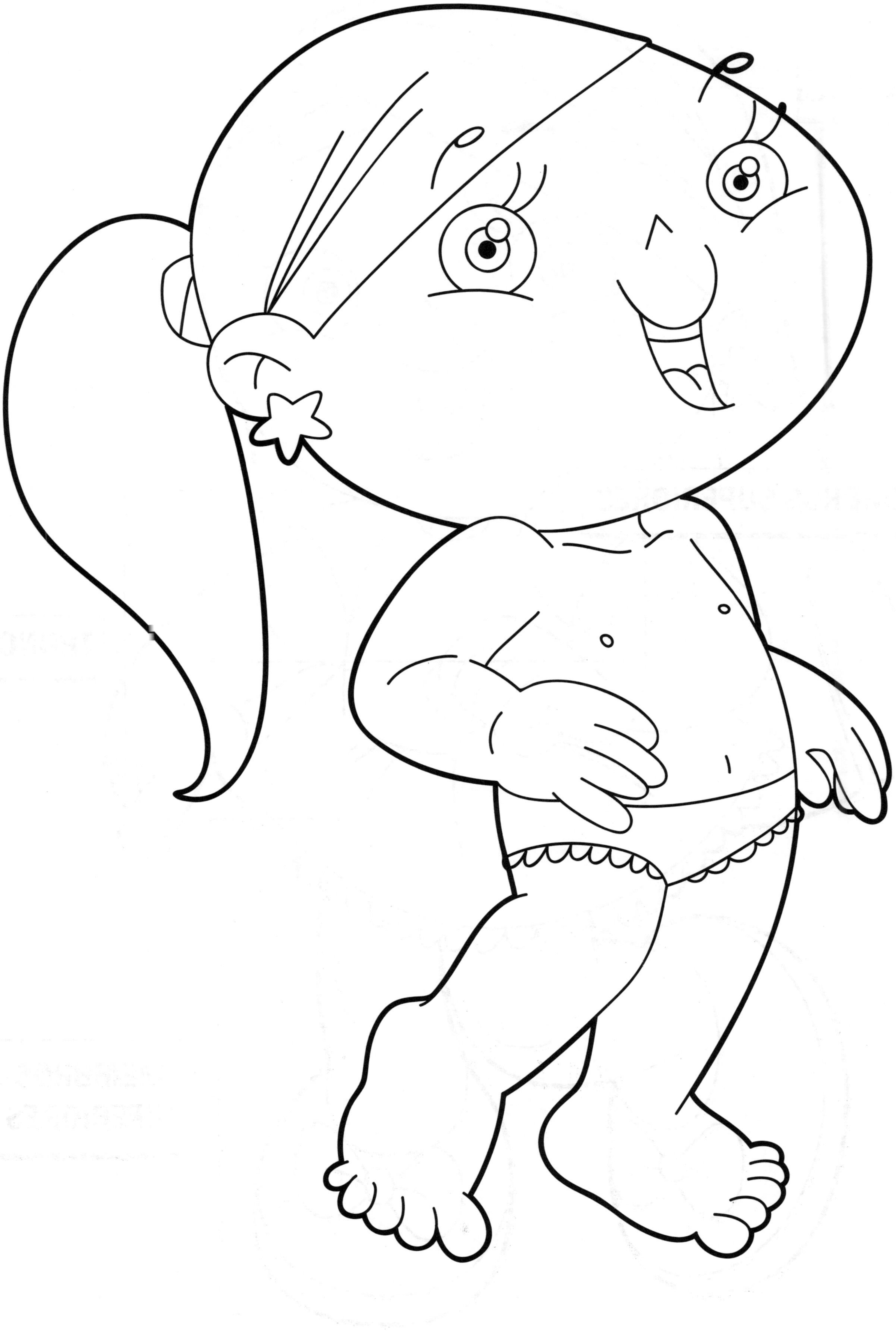

DIVISÕES DO CORPO

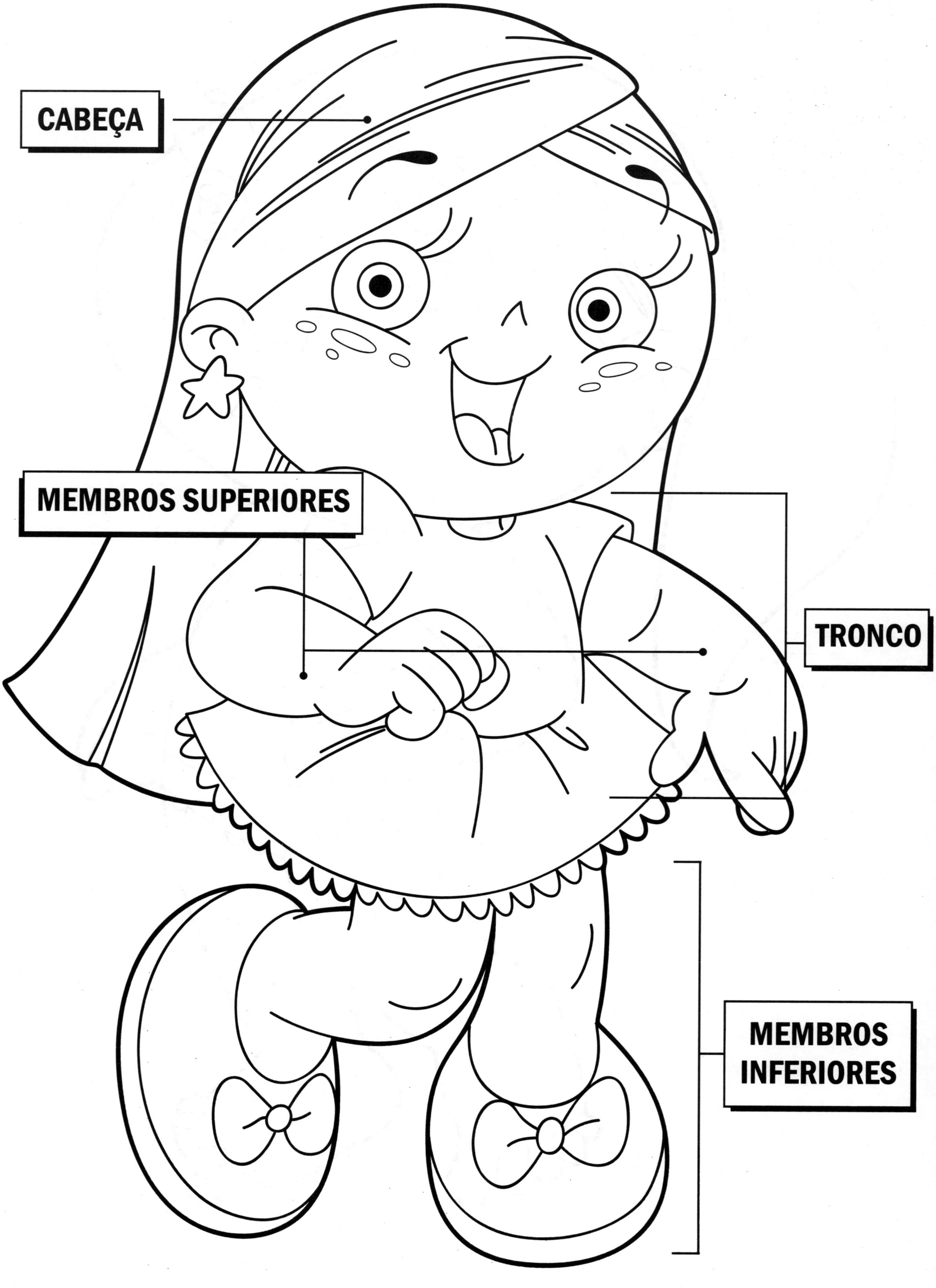

PARTE DO CORPO

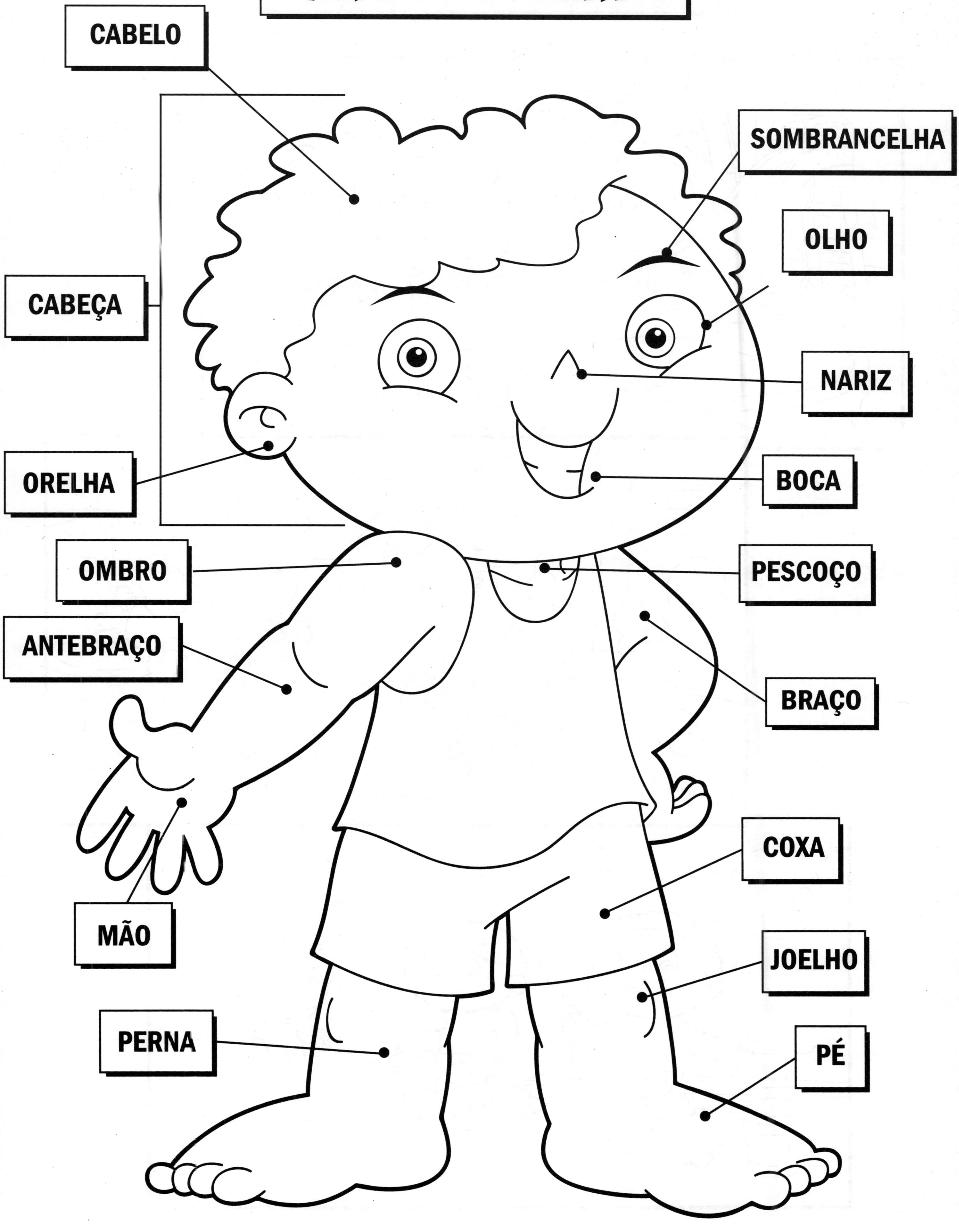

O CORPO E O CLIMA

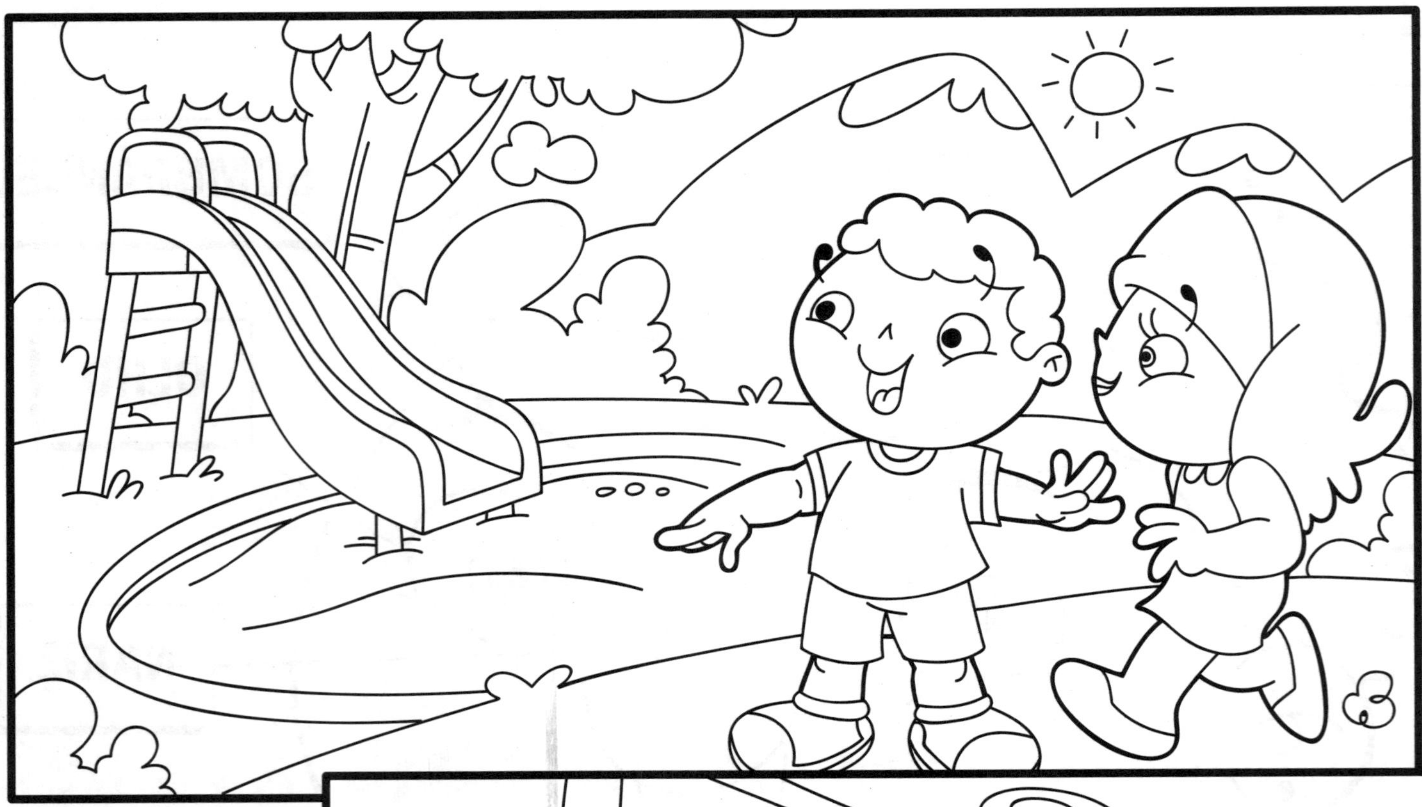

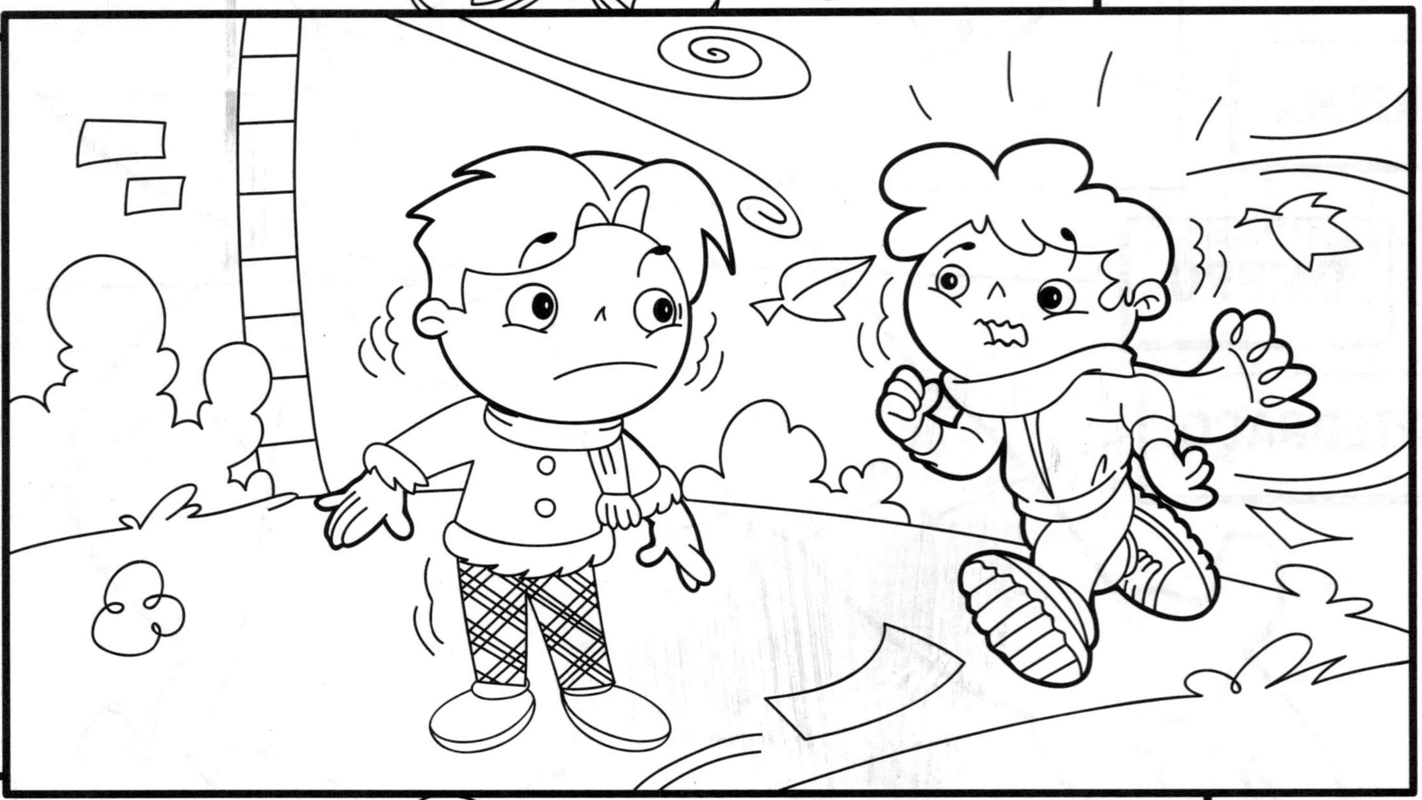

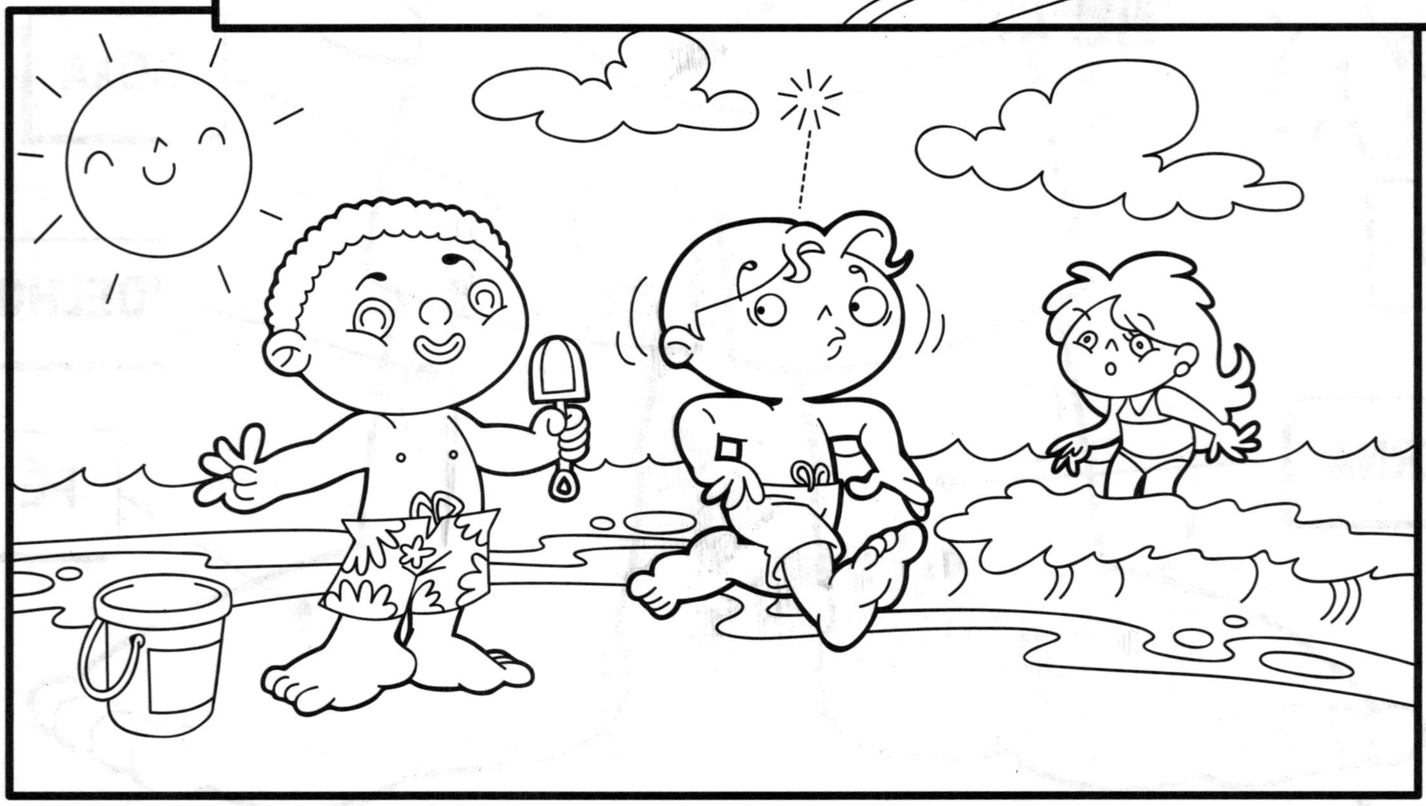

DIFERENTES ETNIAS

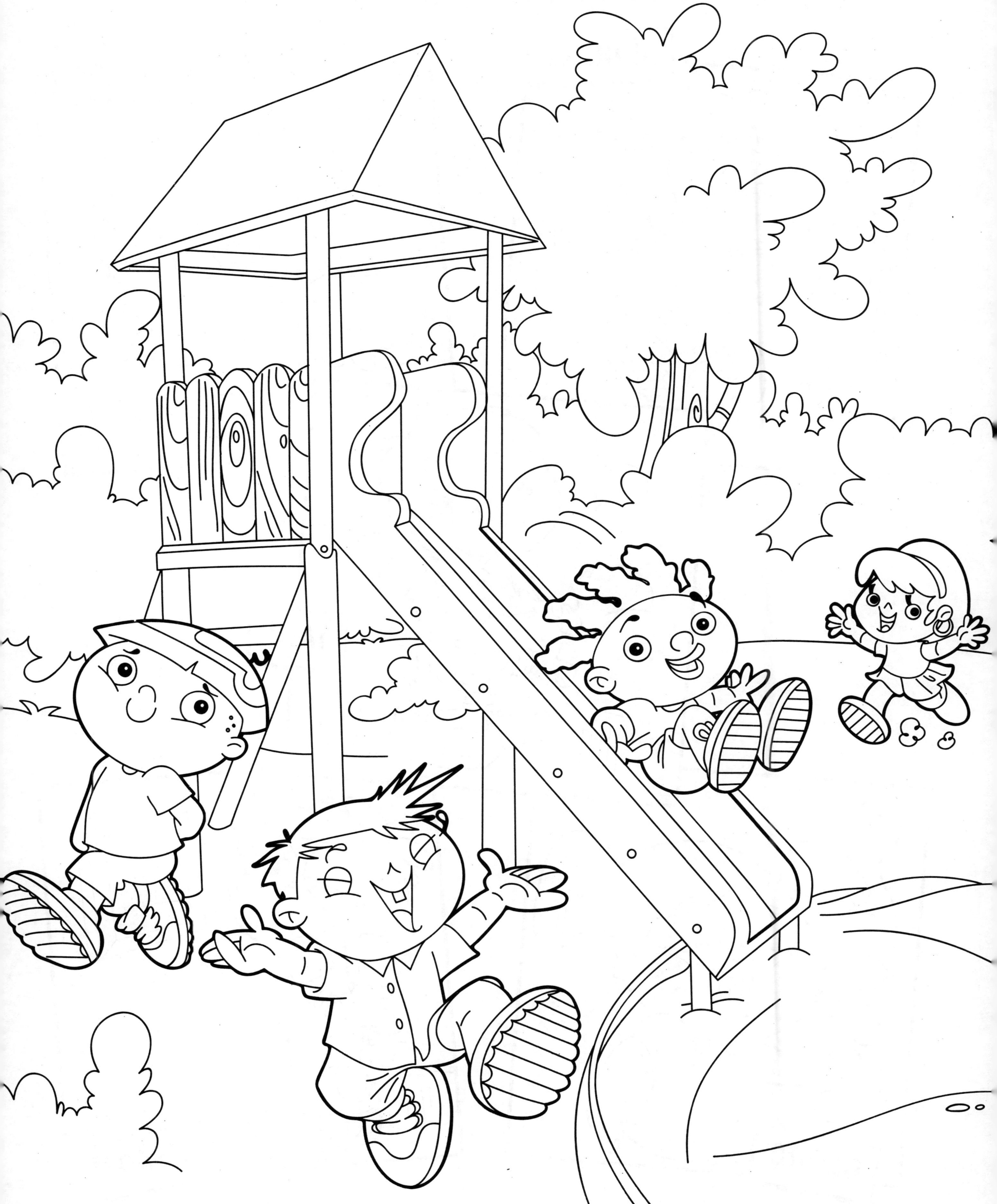

OS CINCO SENTIDOS

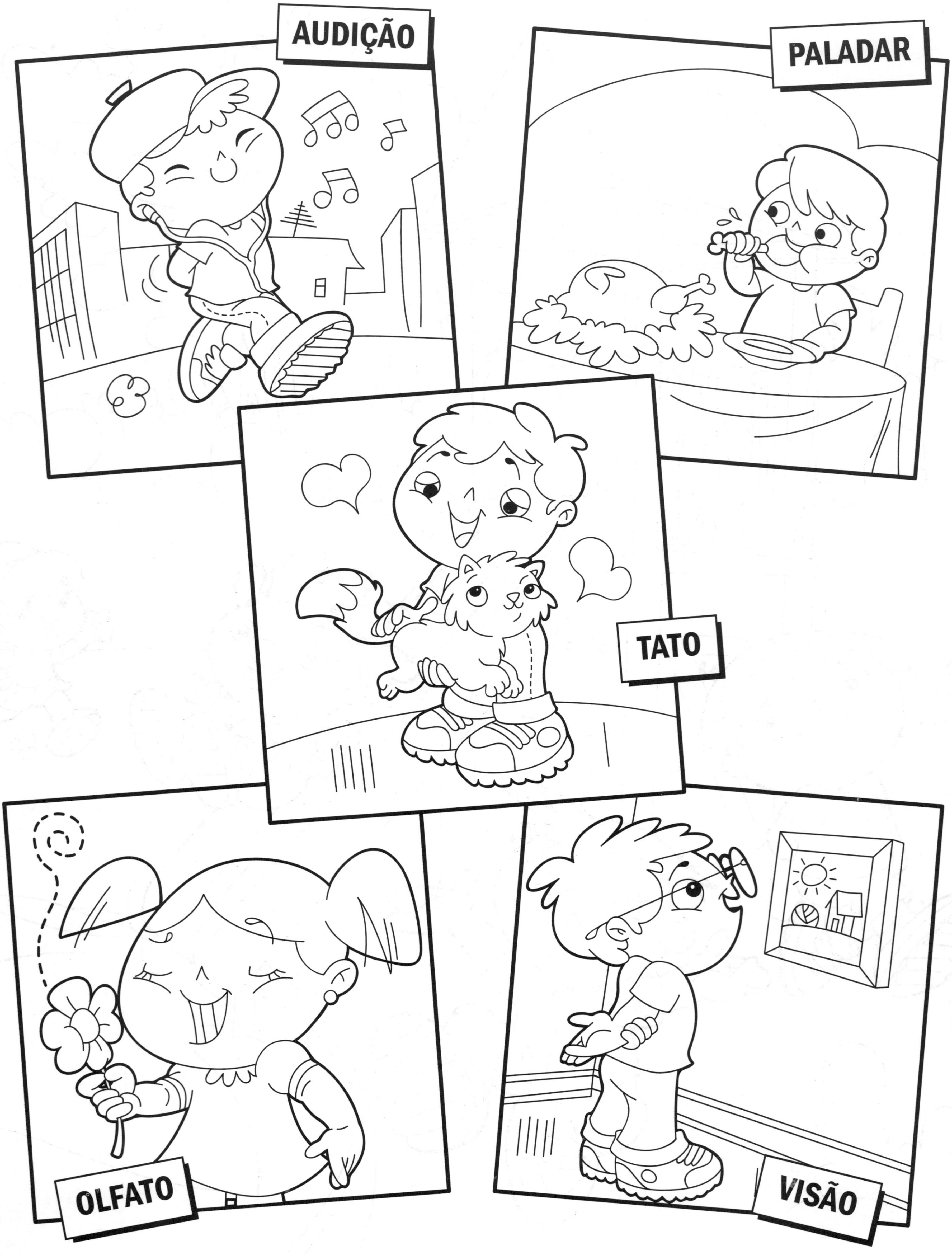